AF404768

TABLEAUX DE LECTURE,

MIS EN RAPPORT AVEC L'ALPHABET DES ÉCOLES PRIMAIRES,

Approuvé par le Conseil Royal de l'Instruction Publique, pour l'usage des Écoles primaires,

Par **M. J. DUNAND**, Directeur de l'École Normale du Département de Saône-et-Loire.

Voyelles simples et sortes d'E.

MINUSCULES.	a	e	é	è	ê	i	y	o	u
MAJUSCULES.	A	E	É	È	Ê	I	Y	O	U

Consonnes simples.

MINUSCULES.	b	c	d	f	g	h	j	k	l	m
MAJUSCULES.	B	C	D	F	G	H	J	K	L	M

MINUSCULES.	n	p	q	r	s	t	v	x	z
MAJUSCULES.	N	P	Q	R	S	T	V	X	Z

Alphabet Majuscule.

ABCDEFGHIJKLMNOPQRSTUVXYZ

Alphabet Italique.

abcdefghijklmnopqrstuvxyz

Alphabet Minuscule.

a b c d e f g h i j k l m n o p q r s t u v x y z

PROCÉDÉS. Faites prononcer ces lettres *à, be, que, de, fe, gue,* etc.; et quand l'enfant connaîtra les voyelles et les consonnes *minuscules,* passez au deuxième tableau; vous reviendrez plus tard au premier, afin de faire connaître les *majuscules* et les lettres *italiques.*

Librairie Ecclésiastique, Classique, Élémentaire, de ÉDOUARD TETU et Cie, rue Jean-Jacques Rousseau, 3. A PARIS. — Imprimerie de Ve BONDEY-DUPUY, rue Saint-Louis, 46, au Marais.

1844

TABLEAUX DE LECTURE,

MIS EN RAPPORT AVEC L'ALPHABET DES ÉCOLES PRIMAIRES,

Approuvé par le Conseil Royal de l'Instruction Publique, pour l'usage des Écoles primaires,

par **M. J. DUNAND,** Directeur de l'École Normale du Département de Saône-et-Loire.

Consonnes précédées ou suivies de voyelles simples. — Voyelles entre deux consonnes.

ab	ac	ad	al	ap	ar	as	at	el	er
es	ex	ig	ir	is	ob	oc	om	or	os
ox	ul	ur	us	ba	ca	da	fa	ga	ja
la	ma	na	pa	ra	sa	ta	va	xa	za
be	de	fe	je	le	me	ne	pe	re	se
te	ve	xe	ze	bi	di	fi	li	mi	ni
pi	ri	si	ti	vi	xi	zi	bo	co	do
fo	go	jo	lo	mo	no	po	ro	so	to
vo	xo	zo	bu	cu	du	fu	gu	ju	lu
mu	nu	pu	ru	su	tu	vu	xu	zu	ji
bus	car	cur	duc	jec	per	ter	tif		

Mots de deux, de trois et de quatre syllabes.

pa-pa	ca-ne	é-pi	vic-tor	sa-la-de	u-na-ni-me
du-pe	pè-re	ju-ré	por-te	vo-le-ra	ma-jo-ri-té
cu-re	no-ne	vi-de	pos-te	pi-lo-ri	la-ti-tu-de
lu-ne	é-mu	lo-to	sol-de	a-ra-be	duc-ti-le
ri-re	zè-le	fa-de	lar-me	é-co-le	fi-dé-li-té
mi-di	â-ne	ma-ri	fa-nal	a-bo-li	co-lo-ni-e
ta-pe	ta-xe	î-le	jas-pe	la-cu-ne	vo-la-ti-le
mè-re	bi-le	a-mi	jus-te	do-ru-re	mo-ra-li-té
ro-be	da-me	mû-re	par-le	cos-tu-me	u-ni-for-me
pa-vé	jo-li	ca-ve	fi-nal	gus-ta-ve	ar-ba-lè-te

PROCÉDÉS. Faites lire les syllabes en veillant à ce que les enfants prononcent rapidement chaque lettre. Faites lire ensuite les mots mais sans décomposer les syllabes.

Librairie Ecclésiastique, Classique, Élémentaire, de ÉDOUARD TETU et Cⁱᵉ, rue Jean-Jacques Rousseau, 5, A PARIS.

Imprimerie de Vᵉ DONDEY-DUPRÉ, rue Saint-Louis, 46, au Marais.

1844

TABLEAUX DE LECTURE,

MIS EN RAPPORT AVEC L'ALPHABET DES ÉCOLES PRIMAIRES,

Approuvé par le Conseil Royal de l'Instruction Publique, pour l'usage des Écoles primaires,

Par **M. J. DUNAND,** Directeur de l'École Normale du Département de Saône-et-Loire.

Voyelles composées. — **Sons équivalents.** — **Syllabes formées de consonnes simples, de voyelles composées et de sons équivalents.**

ai	*ei*	*eai*	*ay*	*ey*	ban	beau	boi	bou
an	*en*	*am*	*em*	*aon*	can	cou	dan	deu
au	*eau*	*eo*			dou	fein	feu	fou
eu	*œu*				gai	jam	jeu	lai
in	*im*	*aim*	*ain*	*ein*	lan	leu	lou	lon
oi	*eoi*	*oie*	*oy*		lun	main	man	mou
on	*om*	*eon*			mon	nou	pan	*pou*
ou					paon	rai	rou	sou
un					sain	toi	sein	ven

NOTA. Faites prononcer ces voyelles composées et les sons équivalents comme s'il ne s'agissait que d'une seule lettre.

Mots de une, de deux, de trois et de quatre syllabes.

jean	bou-ton	men-tir	jeu-di	can-ca-le	ai-de-ra
pain	boi-re	sai-ne	pan-tin	dan-se-ra	mon-dai-ne
paul	bam-bin	par-fum	co-ton	fein-te	sou-pen-te
donc	gâ-teau	neu-ve	fau-te	jam-be	sei-zai-ne
neuf	mou-lin	bam-bou	dou-ze	jcû-ne-ra	pan-ta-lon
faim	sei-ne	vei-ne	lun-di	rai-nu-re	fon-tai-ne
cour	ai-mé	or-to-lan	bou-din	sain-te-té	vain-cu-e
soir	ma-man	san-té	jau-ne	toi-tu-re	no-tai-re
jour	jou-jou	foi-re	meu-te	dé-fen-se	men-ti-ra
ours	ca-veau	ti-roir	jam-bon	au-gus-te	cou-tu-riè-re

PROCÉDÉS. Faites connaître d'abord les voyelles composées comme s'il ne s'agissait que d'une seule lettre, puis les sons équivalents; passez après cela à la lecture des syllabes et des mots : les syllabes de ces derniers ne se décomposeront pas.

Librairie Ecclésiastique, Classique, Élémentaire, de ÉDOUARD TETU ET Cᵖ, *rue Jean-Jacques Rousseau, 3, A PARIS.*

1844

Imprimerie de Vᵉ DONDEY-DUPRÉ, rue Saint-Louis, 46, au Marais.

TABLEAUX DE LECTURE,

MIS EN RAPPORT AVEC L'ALPHABET DES ÉCOLES PRIMAIRES,

Approuvé par le Conseil Royal de l'Instruction Publique, pour l'usage des Écoles primaires,

Par **M. J. DUNAND,** Directeur de l'École Normale du Département de Saône-et-Loire.

Consonnes composées. — Sons équivalents. — Syllabes.

fl	cl	gl	pl	bl	fr	cr	gr	pr	br
dr	vr	tr	sc	st	sp	sl	sm	sv	sb
str	ps	pn	spl	pt	mn	ch	gn	ill	*(lie)*

ji	*gi*	su	*çu*	fla	clan	glan	plu
se	*ce*	c	*qu*	cri	gro	plo	bri
je	*ge*	g	*gu*	dri	vra	trin	scal
si	*ci*	f	*ph*	gno	spi	*sma*	*stro*
sa	*ça*	cr	*chr*	psu	pneu	mné	cha
so	*ço*	sf	*sph*	splen	psal	strau	
geai	çai	quin	phi	chri	gué	sphé	

Mots de une, de deux, de trois et de quatre syllabes.

trou	re-çu	blon-din	bra-gue	cré-a-tu-re	plé-ni-tu-de
quai	croi-re	cri-bleur	clu-bis-te	droi-tu-re	pla-nè-te
chef	va-gue	dra-gon	blai-reau	cru-au-té	pro-blè-me
cinq	fa-ce	glan-de	pra-li-ne	sca-lè-ne	gri-ma-ce
pluie	glai-ve	poin-çon	gron-dé	scal-pel	cou-ver-cle
fleur	brai-re	plei-ne	crain-dre	spi-ri-tu-el	bra-vou-re
vrai	plain-te	traî-neur	pri-mi-tif	pneu-ma-ti-que	blâ-ma-ble
crin	trou-ble	flan-drin	plu-meau	trem-pa	mneu-mo-ni-que
pré	jo-seph	mou-choir	bou-chon	cla-ve-cin	ma-gni-fi-que
chair	mi-chel	cha-peau	croû-te	fro-ma-ge	ba-bill-ar-de

PROCÉDÉS. Quand l'enfant sait bien les consonnes composées qu'on lui fera considérer comme une seule lettre ainsi que les sons équivalents, passez à la lecture des syllabes, puis des mots, qu'on ne décomposera pas.

Librairie Ecclésiastique, Classique, Élémentaire, de ÉDOUARD TETU et Cⁱᵉ, rue Jean-Jacques Rousseau, 3, A PARIS.

TABLEAUX DE LECTURE,

MIS EN RAPPORT AVEC L'ALPHABET DES ÉCOLES PRIMAIRES,

Approuvé par le Conseil Royal de l'Instruction Publique, pour l'usage des Écoles primaires,

Par **M. J. DUNAND**, Directeur de l'École Normale du Département de Saône-et-Loire.

---

champ. ga-lop. bras. bord. bois. fu-taie. par-tie. fé-e. bre-bis.

per-drix. paix. voix. poix. croix. toux. por-té e. joi e. noix.

ma-gis-trat. a-vo-cat. tré-pas. vingt. seing. lait. sou-hai-ta.

sci-en-ce. beu-rre. heu-re. cru-ci-fix. a-ba-ttis. chant. pris.

char-mant. ca-chot. rhu-me. ja-loux. a-ccou-rir. a-llu-mé.

a-mneau. mo-mnaie. ma-lle. ta-mneur. a-rron-dir. a-lors.

mom-sieur. as-pect. sa-lut. court. poids. j'eus. voient.

---

co-rail. ba-lay-er. ré-be-lliòn. ga-geu-re. com-po-ser.

so-leil. por-tion. sug-gé-rer. fe-mme. par-ti-al. mo-yen.

pé-ril. a-sser-ti-on. saô-ne. he-mnir. poi-son. pa-ti-en-ce.

cer-cueil. or-gueil. taon. poi-gnard. res-pect. e-xa-men.

fe-nouil. œil. a-ppor-ter. é-tang. ha-reng. bourg. vi-lle.

ex-ce-llen-ce. ex-cès. août. por-tail. mai-son. e-nor-gue-illir.

me-nui-si-er. e-xer-cer. paon. pou-let. sa-ül. pro-phè-te.

poi-ri-er. e-xis-ter. chan-tai. si-xi-è-me. or-ches-tre. cil.

no-yau. a-ggra-ver. chan-tais. ro-cher. fle-xi-ble. ba-se.

PROCÉDÉS. Prévenez les enfants que toutes les lettres blanches sont nulles, et qu'elles ne se prononcent pas; et faites lire ces mots sans épeler. Faites prononcer les mots de la deuxième partie du Tableau, ainsi que cela est indiqué au-dessus de chacun d'eux.

Librairie Ecclésiastique, Classique, Élémentaire, de ÉDOUARD TETU ET Cⁱᵉ, rue Jean-Jacques Rousseau, 3, *A PARIS.*
1844

9 782019 970444